AF465672

*Extrait de l'*Archivio di Psichiatria, Scienze Penali ed Antropologia criminale
VOL. XXII — FASC. I



# DE L'APPLICATION ET DE LA DÉSAPPLICATION DE LA PEINE



Les tendances criminalistes nouvelles, qui ont envahi et transformé, dans la doctrine d'une manière complète et notablement dans la législation, tout le droit criminel, se sont surtout fait jour dans l'application et la désapplication de la peine au crime, point du reste, qui forme le nœud et comme la conclusion de ce droit. C'est donc ce point que nous allons considérer *au confluent* de la criminologie et de la pénologie. Plusieurs écoles s'y sont donné rendez-vous et ont formulé des systèmes absolus ou mixtes qu'il est intéressant au plus haut point d'étudier; c'est d'abord en Italie, puis en Allemagne, qu'ils se sont formés et de là répandus en France; l'un d'eux a conservé son nom étranger et qu'on ne saurait traduire sans périphrase, de *Kriminal politik*. En tête se trouvent deux autres écoles: la vieille école classique qui voit principalement dans la peine une expiation, et seulement d'une manière secondaire, la défense sociale et l'amendement du coupable; et l'école positiviste qui rejette, au contraire, l'idée d'expiation et ne conserve que celle d'utilité. Il en existe d'autres intermédiaires. Les législations contemporaines, après avoir longtemps repoussé les doctrines nouvelles, s'en sont dans ces derniers temps largement inspirées et ont, en conséquence, transformé leurs codes, quoiqu'incomplètement encore.

Dans cette très rapide étude nous étudierons successivement le cas de l'application et celui de la désapplication de la peine; sur les deux les diverses écoles sont en divergence.

## I. — De l'application de la peine.

A ce sujet trois questions essentielles se posent: 1° est-ce sur le crime lui-même ou sur le criminel que doit se mesurer la peine? 2° l'application doit-elle être faite en une seule fois, ou rester continue? 3° par qui cette application doit-elle être faite, par le législateur, par le juge ou par le fonctionnaire pénitentiaire? Ces trois questions sont d'ailleurs étroitement unies, mais pour plus de clarté, il faut disloquer momentanément leur synthèse.

### *A.* — De l'application au crime ou au criminel.

Nous sommes ici au tournant de l'évolution criminaliste. Deux systèmes irréconciliables sont en présence: d'après l'un, ce que la loi doit frapper, c'est le crime, non le criminel considéré subjectivement et en dehors du crime; d'après l'autre, on ne doit pas frapper le crime, fruit fatal de la criminalité, mais la criminalité elle-même, pour tarir la production du crime dans sa source; suivant d'autres enfin, c'est bien la criminalité qu'il faut atteindre, mais seulement lorsqu'elle s'est extériorisée par le crime, ce crime est une limite *minima* pour la répression de la criminalité.

#### 1. — *Système d'application de la peine au crime, ou système abstrait.*

Ce système générique en comprend plusieurs: d'abord le système classique pur dans lequel non-seulement on n'envisage que le crime et non le criminel en dehors du crime, mais où, en outre, on ne considère dans le crime que les éléments objectifs communs à tous les autres; il comprend ensuite le système néoclassique dans lequel, écartant toujours la personne du criminel dans son état permanent et général, en d'autres termes, la criminalité, on envisage cependant le crime dans ses éléments subjectifs.

##### *a) Système classique, ou système abstrait objectif.*

C'est le système classique qui a longtemps régné sans conteste. Cependant à certaines époques il a existé des tendances contraires que nous indiquerons. Du reste, il est le plus simple de tous, c'est celui qui se présente le premier à l'esprit. Il y a eu vol ou meurtre, le plus pressé est de me défendre et de défendre la société contre le retour d'un pareil acte, j'ai affaire à un inconnu, je ne vois que le résultat désastreux qui a été produit ou qu'on a tenté de produire, je m'en occupe beaucoup plus que de la personne du criminel, je puis même faire abstraction de cette dernière, et ce qui m'intéresse seulement, ce sera l'étendue du dommage, et d'autre part, le degré de violence ou de danger de la commission; aussi il y a dans cette doctrine des circonstances aggravantes et non des circonstances atténuantes; il n'y a pas non plus de minimum et de maximum laissant une marge au juge. A quoi bon? Il existe une équation entre tel crime et telle peine: équation exacte, dans laquelle un meurtre vaut tant d'années de travaux forcés; tel a été d'ailleurs très exactement un moment en France pendant le droit intermédiaire l'état de la législation: la *peine fixe*, qui répond au *crime* purement *objectif*.

Cependant il peut y avoir des *circonstances objectives* aussi dont on tiendra compte, par exemple: celles d'escalade, d'effraction, de fausses clefs pour le vol; on n'a point à considérer l'*intention*, mais un *fait* purement *matériel*. Il peut y avoir aussi des *circonstances objectives absolutoires*, par exemple, la légitime défense; je suis attaqué, j'attaque à mon tour et en réponse. Un tel système s'est étendu même aux dommages-intérêts à l'époque des compositions pécuniaires; tel crime était exactement *tarifé* à telle somme; on pouvait se libérer en payant, on avait presque le droit de le commettre en versant la somme, de même qu'on le fait aujourd'hui pour les contraventions pour lesquelles l'amende peut être payée sans qu'une condamnations intervienne. Il y avait aussi, quant à ces dommages-intérêts, des circonstances aggravantes ou atténuantes objectives, il s'agissait de la situation personnelle de la personne offensée; le meurtre d'un homme libre valait tant, celui d'un esclave tant, celui d'un noble tant, celui d'un ecclésiastique tant, toujours une somme fixe. On a pu dire avec raison que c'était le système du *risque pénal*. La *culpabilité individuelle* à degrés divers du coupable n'est pas prise en considération; le criminel est un indifférent, sa criminalité ne compte qu'au point de vue théologique, psychologique, dans sa responsabilité envers Dieu, elle est et reste pour l'homme inconnaissable.

Cette *fixité* de la *valeur du crime* se corrobore d'ailleurs par les idées en cours sur le libre arbitre. Ce qui fait considérer aujourd'hui le criminel en dehors du crime dans sa situation morale générale, c'est que, même pour ceux qui admettent encore ce libre arbitre, il n'est jamais uniforme, il est susceptible de plus ou de moins, et il ne s'étend jamais jusqu'à la liberté d'indifférence. Alors, au contraire, sauf dans les cas d'anormalité, le libre arbitre était entier, il restait maître des motifs impulsifs et souverain juge. Mais les cas d'anormalité étaient considérés comme rares; du reste, l'anormalité était intégrale, ou suffisante, ou elle n'était pas; il n'y avait point de demi-responsabilité, et les médecins aliénistes eux-mêmes y concluaient très rarement: dès lors la peine, correspondant à une responsabilité toujours égale à elle-même, devait rester fixe.

Cependant ce système ne subsista pas toujours dans toute sa rigueur, et bientôt la peine, au lieu d'être absolument fixe, ne fut législativement établie que par un maximum et un minimum; l'écart entre les deux était assez grand et le juge pouvait choisir entre les divers degrés avec des points de départ et d'arrivée. Pourquoi cette modification? C'est que les circonstances *objectives* aggravantes ou atténuantes ne peuvent être toutes indiquées d'avance, et que celles qui le sont n'ont pas toutes le même degré d'aggravation ou d'atténuation. Voici, par exemple, l'effraction, elle peut être plus ou moins caractérisée; il y a des effractions qui en sont à peine, on a forcé une serrure qui tenait peu et sans qu'on fut porteur d'instruments à ce destinés; on s'est servi de fausses clefs, seulement suivant le sens étymologique de ce mot, on a employé la clef d'un meuble voisin, dans tous ces cas en fait l'aggravation objective est très petite; et le juge devra s'en tenir au minimum de la peine édictée pour le vol qualifié. D'autres fois la circonstance aggravante n'est pas cataloguée par la loi, mais cependant il en existe une; par exemple, le vol, au lieu de porter sur une somme insignifiante, a eu pour objectif une valeur énorme, et la victime va être privée de toute sa fortune, il y aura lieu de porter la peine au maximum; au contraire, la valeur est presque négligeable, le larcin est de quelques centimes, le minimum est suffisant, s'il ne dépasse pas lui-même la mesure. Dans tous ces cas, il ne s'agit pas de l'intention du délinquant, ni de son intelligence, ni de ses motifs, mais seulement de l'*action matérielle*. A une *tarification fixe* faite d'avance par le *législateur* on ajoute une *tarification mobile* dans les limites de la première, faite cette fois par le *juge*. Il s'agit donc en somme dans cette modification, non point d'un système nouveau, mais de la substitution partielle du juge au législateur et de la division en tranches plus petites à la fois du crime et de la peine.

Tel est le système *classique* qui a régné pendant des siècles, et cependant il y a été fait brèche quelquefois par des systèmes particuliers qui envisageaient le criminel, se préoccupaient de sa personne et visaient son amendement; tel était le principe mis en vigueur par le droit canonique; la *peine* était une *pénitence* imposée au criminel, on cherchait sa conversion, et dès qu'elle était obtenue, on lui pardonnait: mais on le reprenait sévèrement s'il devenait relaps. Du reste, le système classique n'est pas le plus ancien. Pendant longtemps en France, les peines étaient *arbitraires*, non seulement *quantitativement*, mais même *qualitativement*, le juge pouvait choisir entre les différentes peines pour le même délit; il prenait ainsi forcément en considération la personne du criminel. Le système dit classique a été surtout en vigueur à partir de l'école du dix-huitième siècle qui s'éleva contre l'arbitraire, et au nom de liberté finit par aboutir au système des peines fixes, modifié plus tard.

Ce système s'appuie sur la *plénitude du libre arbitre* chez tous les normaux, et ce libre arbitre est tellement vigoureux qu'il peut aboutir à la liberté d'indifférence. D'autre part, les passions n'ont sur lui aucune prise sérieuse et le laissent entier. Dès lors les mobiles réduits à un rôle secondaire importent peu; d'ailleurs, on peut en tenir compte accessoirement et suffisamment dans les limites entre le maximum et le minimum.

Il est vrai que certains mobiles sont déshonorants par eux-mêmes et que d'autres peuvent être honorables, mais le crime n'en est pas moins commis et apporte le même dommage; or, dans le for extérieur où l'on se place, c'est ce dommage, c'est l'effet qui compte, beaucoup plus que la cause ou l'intention;

celles-ci ne concernent que le for intérieur; c'est une affaire entre l'homme et la divinité.

Par la même raison, le but de la peine n'est pas d'amender le coupable. L'ancienne idée de l'expiation théologique a disparu à peu près dans une société organisée *laïquement*, mais celle de la *réaction pénale* est en pleine vigueur. Sans doute, la vengeance est retirée des mains des simples particuliers, mais elle a passé avec son caractère en celles de la société sous le nom de *vindicte publique*. On tient par conséquent à faire souffrir au coupable, en partie au moins, les maux qu'il a fait subir; on mesure les uns sur les autres. S'il se repent, s'il s'amende, il continue de faire la peine infligée sans qu'on l'abrège, si non d'une manière insignifiante, ou d'une façon tout-à-fait arbitraire, par la grâce. On peut dire que la peine est *sans but*, ou plus exactement elle a une *cause efficiente*, la *réaction pénale*, mais point sa cause *téléologique*, la suppression des générateurs du crime, du potentiel de criminalité; en d'autres termes, la peine a sa *finalité en elle-même*.

Cependant l'objectif de la défense sociale n'est pas oublié; on enferme le criminel pour qu'il soit hors d'état de nuire, on l'incarcère même très longtemps et on l'élimine par la peine de mort, mais l'idée de réaction domine, car, lorsque la peine adéquate au crime est accomplie, on remet le criminel en liberté, même lorsqu'il n'est pas amendé, et qu'on est à peu près sûr qu'il va recommencer aussitôt sa vie coupable, il *a payé* sa dette à la société, il ne doit plus rien, et celle-ci n'a aucun droit contre lui, pas plus qu'on ne peut rien réclamer à un débiteur qui a soldé. Non-seulement on ne doit pas le retenir en captivité, mais on ne peut prendre contre lui que des mesures de précaution qui n'atteignent pas sa liberté essentielle et qui ne puissent être considérées comme des peines prolongées; on ne pourra, par exemple, exiger qu'il reste dans le lieu de déportation, ni qu'il soit relégué, quand bien même ce serait un récidiviste endurci. La récidive elle-même n'aggrave la peine lors de la seconde condamnation que s'il s'agit de crime ou de délits très importants. Tout ce qui relie les divers points de la vie du criminel est exclu, on ne se place qu'en face de tel crime. Cependant la surveillance de la haute police est admise, gênante pour la liberté, mais beaucoup plus pour la situation économique ; on ne songe pas à celle-ci, car on ne recherche nullement les causes du crime.

Mais de même que le criminel a contracté une dette envers la société, *dette* qu'il paie en *monnaie de peine*, de-même il a contracté une dette envers sa victime, dette qu'il paie en argent. Celle-ci est tout-à-fait *indépendante* de l'autre, et c'est avec un soin extrême que le législateur les distingue. Il évite dans leur concurrence que l'action publique et surtout le traitement du criminel au point de vue répressif ne nuise à l'autre. Il conserve même intact le droit à la vengeance que la personne lésée à chargé la société d'exercer pour elle. C'est ainsi que la condamnation est toujours exécutée, sauf l'exercice rare du droit de grâce, et qu'on n'accorde point de libération conditionnelle avant le terme naturel de la peine, car ce serait priver la victime d'une partie de ses droits, elle a dû compter sur la peine prononcée ; abréger celle-ci serait une sorte de vol à son préjudice.

*L'exemplarité* n'est pas exclue de la doctrine classique : elle y a même une place assez considérable, mais précisément à cause de cette exemplarité, il faut que la peine soit fixe autant que possible, qu'elle soit comprise du public en même temps que le crime et qu'il puisse juger de *l'exactitude de l'équation*. Or, il ne le peut si l'application de la peine, au lieu d'être *objective*, est devenue toute psychologique et *subjective;* le juge aura pénétré, étant de près, la mentalité de l'accusé, mais le public situé plus loin n'aura pu l'apercevoir ; il mesure alors la peine sur les éléments objectifs, les seuls de lui connus, et trouve qu'il n'y a pas *superposition* exacte, il crie à l'injustice, il a tort, mais il se croit avoir raison, et comme l'analyse psychologique fait presque toujours descendre la peine, il en résulte pour lui un scandale, et ce scandale enlève la témébilité ; l'exemplarité disparait ; c'est bien pis encore quand l'analyse psychologique plus fine, trop fine parfois, aboutit à l'aquittement. Que de fois, au sortir de la Cour d'Assises ou de l'audience correctionnelle, le spectateur s'est étonné de la sentence qu'il vient d'entendre ! le crime ou le délit sont graves et la peine est presque nulle, ou bien le délit est léger et la peine excessive. C'est, sauf les erreurs possibles du juge, que certaines circonstances n'ont frappé ce spectateur et que d'autres lui sont restées inconnues; par exemple, il a appris les motifs de l'infraction qui l'ont aggravée ou atténuée: mais, malgré ces motifs, c'est la nature même de cette infraction, dont il n'a pu détacher ses yeux et qui reste, malgré ce qui l'entoure, comme le fond fixe; puis et surtout il a ignoré l'élément subjectif pur, la mentalité du coupable en déhors du crime, son *potentiel de criminalité;* les juges l'ont connu, au contraire, au moyen du casier judiciaire, des notes de police, des certificats médicaux, des dossiers d'affaires précédentes. Aussi s'établit-il entre le jugement du juge et celui du public une grande *dissidence*. Cette dissidence importe peu au point de vue du bien jugé, mais elle importe à celui de l'impression, de l'*exemplarité*. Celle-ci devient moins forte, et comme parmi les spectateurs il ne se trouve pas que des honnêtes gens, les autres pourront se dire qu'ils pourraient échapper en pareille conjoncture et que l'examen de leur mentalité aurait en leur faveur peut-être des ressources qu'ils ignorent eux-mêmes. Au contraire, si la justice frappe avec la régularité de l'instrument automatique qui tranche, si l'on ne considère que le fait et ses circonstances matérielles, il en est tout autrement; le délinquant éventuel est beaucoup mieux averti, il sait qu'on n'aura pas pitié en raison de conditions particulières, de passions, de tentations diverses, et il s'abstiendra. On voit comment tout le système se tient.

*b) Système néo-classique ou abstrait subjectif.* — Le système *néo-classique*, postérieur en date à celui qui précède, mais qui est actuellement en pleine vigueur, joint à l'examen des éléments *objectifs* du crime, celui de ses éléments *subjectifs*, et cette idée a eu pour réalisation pratique l'admission des circonstances atténuantes avec des effets plus ou moins étendus; quelquefois avec celui de pouvoir abaisser *indéfiniment* la peine, ce qui aboutirait aux peines *arbitraires*, mais avec cette *nuance* qu'on ne doit *distribuer la peine* que *proportionnellement au crime actuel* et non au *potentiel* de crime révélé.

L'élément subjectif introduit par l'école néo-classique implique deux considérations; il s'agit de rechercher l'*état mental* du criminel au *moment même* où le crime a été commis et depuis le moment où il médite ce crime d'une part, et d'autre part les *motifs* qui ont agi sur lui. Sans doute, si le criminel est un insensé, il n'y a plus aucune recherche à faire, il n'est pas coupable, et il ne reste qu'à l'acquitter, en prenant les mesures de précaution nécessaires. Mais il peut n'être un insensé qu'à demi, et avoir conservé une lumière suffisante de raison et une énergie suffisante de volonté, le tout à des degrés très variables. Dans un système qui reconnait le libre arbitre on a, au contact du système contraire, fini par reconnaître que ce libre arbitre n'est pas toujours absolu, qu'on peut être libre au 1[4, au 2[3, au 3[4, si la science est assez avancée pour ce dosage, et qu'il faut proportionner la peine à cette dose. Mais n'est-ce pas entrer dans l'examen du criminel, du crime dans sa source, de la criminalité, que d'agir ainsi? Nullement, l'état de demi-démence est sans doute le résultat des états préexistants au crime envisagé, mais ils existe au *moment même* et c'est alors et relativement au crime qu'on le contemple, il n'y a pas besoin de parcourir le *curriculum vitae* de l'accusé, on s'en tient au *présent*. On s'y tient d'autant plus que plusieurs de ces cas de demi-folie sont instantanés, n'existaient pas dans le passé, pourront ne pas faire retour dans l'avenir, par exemple: l'ivresse, la colère aveugle, la passion plus ou moins résistible, la suggestion hypnotique, l'épilepsie. Le dosage de tous ces éléments de responsabilité, c'est-à-dire de la liberté de l'intelligence et de la volonté, vient désormais se joindre à celui des circonstances matérielles.

Ce n'est pas tout: à côté du degré de volonté actuelle et par un lien évident il faut juger et peser les *motifs* qui ont influé sur cette volonté et l'ont déterminée: car, pour ceux-mêmes qui ne sont pas déterministes, ces motifs sont d'un grand poids; s'ils ne font pas fléchir définitivement la volonté autonome, ils pèsent sur elle avec une force extrême, et on peut les mesurer par leur nombre et par leur pesanteur: par leur nombre, car le coupable peut avoir été à la fois entrainé par un grand nombre de motifs, et non par un seul, et cette poussée concurrente a dû être beaucoup plus violente; par leur pesanteur, car il y a des motifs bien plus forts et d'autres plus faibles qui ne sauraient avoir la même action. S'il s'agit, par exemple, d'un meurtre, il peut être motivé par le désir du vol, ce désir armera plus ou moins vite la main du meurtrier, suivant l'importance de la valeur convoitée; mais il peut être la résultante de plusieurs motifs: le meurtrier peut agir à la fois, par cupidité, par vengeance et par cruauté; un de ces motifs, sans justifier son crime, peut être puissant; tout cela est à considérer, si l'on veut juger tout-à-fait justement. Deux hommes ont commis le même crime: ils sont loin d'avoir la même culpabilité, et, pour décider ainsi, il n'est pas besoin d'interroger leur passé. L'un avait mille motifs de le commettre, l'autre en avait à peine un plausible, sans compter que leur volonté n'était pas d'une autonomie égale.

Mais les motifs ne se comptent pas seulement, ne se pèsent pas seulement, ils sont, en outre, de *différentes natures* et ont des *directions* diverses. Ils se polarisent d'une manière générale en deux directions: il y a les motifs *déshonorants* et les motifs *non-déshonorants;* on pourrait même ajouter les motifs situés à l'extrémité contraire, les *motifs honorables*, mots qui peuvent paraître ici singuliers, et que nous devons expliquer. Cette distinction, souvent faite en pratique, n'a eu un emploi général, non encore législatif, que de nos jours. Elle projette son influence sur les crimes eux-mêmes, il y a, en effet, des crimes qui sont dangereux ou lésionnaires, mais qui ne sont pas déshonorants pour leurs auteurs. Il en est de même des peines, sauf que, par une anomalie de certaines législations, des peines déshonorantes peuvent quelquefois frapper des crimes non-déshonorants. Des exemples feront bien comprendre cette distinction. Le désir de satisfaire sa cruauté, sa lubricité, sa cupidité, sont des motifs déshonorants au premier chef, et si plusieurs sont réunis, l'infamie est portée au plus haut point. Tel un brigand qui tue pour voler et après avoir violé; sur ce point il n'y a aucun doute, un individu de cette nature sera considéré comme un monstre plus encore que comme un coupable, et la question de sa sanité d'esprit s'élèvera immédiatement. De même, le crime ou l'ensemble du crime qu'il aura commis sera infâme au premier chef, et il méritera les peines non-seulement les plus sévères, mais les plus déshonorantes, non-seulement par leur relation au crime envisagé, mais aussi en elles-mêmes. Au contraire, quelqu'un tue pour venger son honneur, ou celui de sa femme ou de sa fille, ou en les défendant, mais en outrepassant les bornes de la légitime défense, le motif non-seulement ne sera pas déshonorant, mais il sera honorable. Que si on commet un meurtre sous l'empire de la jalousie sur un faux rapport, ou dans un moment de colère produit par une insulte, le motif n'est pas cependant honorable, mais il est non-déshonorant. Les motifs produisent des crimes de même nom, et devraient aboutir à des peines de même nature aussi. Cependant on n'accepterait pas la qualification d'honorable pour les crimes qu'un motif honorable a causé.

Il y a des crimes qui, par eux-mêmes et abstraction faite de leurs motifs, ne sont pas déshonorants, par exemple: le duel. Sans doute le duel est absurde, il peut devenir déshonorant, s'il est fait avec déloyauté, et il l'est encore, quoique non qualifié tel, s'il est commis à forces inégales, ou par un duelliste de profession, mais, en dehors de ces cas, il ne saurait déshonorer; si l'on attente à la vie d'un autre, on expose la sienne, et d'ailleurs si les motifs sont souvent futiles, ils sont quelquefois très graves. Il en est ainsi de l'infanticide, quoique pendant longtemps le déshonneur y ait été attaché dans l'opinion publique, mais ce déshonneur se rapportait surtout aux relations sexuelles illégitimes antérieures; le motif est ici plutôt honorable et influe sur le caractère de l'action. De même les contraventions ou les délits-contraventions excluent toute idée de déshonneur, sans qu'il soit nécessaire de remonter aux motifs. Enfin, et c'est le prototype des délits non-déshonorants par eux-mêmes, à cette classe appartiennent la plupart des crimes et des délits militaires; ils le sont si peu qu'ils ne comptent pas pour la récidive, ni pour l'appréciation de la moralité du coupable, et qu'il a fallu créer pour eux des peines spéciales non-déshonorantes. Au-delà se trouvent les crimes honorables par leur nature, ou du moins qui le sont très souvent, et qui dans les autres cas ne sont pas déshonorants, ce sont les crimes politiques; ils peuvent provenir de motifs généreux, et d'ailleurs on n'examine même pas ces motifs pour les classer ainsi; aussi a-t-il fallu créer pour eux une échelle spéciale de peines.

Enfin, de même qu'il y a des motifs non-déshonorants, des crimes non-déshonorants, il y a, en dehors même de tout rapport avec tel motif ou tel crime, des peines déshonorantes et des peines non-déshonorantes. Une peine non-déshonorante à quelque infraction qu'elle s'applique, est la peine d'amende, même si elle est accompagnée de la contrainte par corps ou de la prison subsidiaire. On peut en dire autant de la détention, du bannissement. Souvent pour le même délit on édicte une peine infamante et une peine non-infamante, entre lesquelles le juge peut choisir; c'est ce qui existe en France, où presque tous les articles prononcent à la fois une peine corporelle et une peine pécuniaire. Dans le code italien presque partout le législateur donne au juge le choix entre une peine non-infamante appelée détention, et une peine infamante correspondante appelée réclusion; ce sont le peines parallèles. Enfin le mode d'exécution de la même peine peut être déshonorant ou non-déshonorant, l'échafaud ou la fusillade.

Quelquefois l'accord existant entre le motif, le crime et la peine pour déterminer ce caractère se change en désaccord. Un crime déshonorant en lui-même, quoique ayant un motifn on-déshonorant, reste tel dans la loi et l'opinion, par exemple, le vol en cas d'absolue nécessité, l'empoisonnement par vengeance, l'infanticide par honte. Le même désaccord peut exister entre l'infraction et la peine: le crime politique est quelquefois puni de prison; il en est de même de certaines contraventions et même du duel; notre code n'établit de double échelle des peines que pour les délits politiques.

Aussi a-t-on proposé de rendre cet accord complet, et de punir différemment des autres les crimes non-déshonorants, ou ceux déshonorants d'habitude, mais qui cessent de l'être parcequ'ils ont été commis pour un motif honorable. On polariserait ainsi tous les crimes commis dans les deux directions, et tout en frappant de peines nécessaires, on conserverait l'honneur à ceux qui ne méritent pas l'avoir perdu. Ce principe est tout-à-fait juste.

Mais il se présente des difficultés dans l'application, et d'ailleurs on peut se demander à qui il appartiendra de classer en déshonorants et en non-déshonorants, soit les motifs, soit les délits, soit les peines. Trois systèmes sont possibles sur ce point.

Suivant le premier, c'est le législateur qui indiquera d'avance le tout. Il dira quels crimes et délits sont en eux-mêmes, et sans que l'on consulte les motifs, non déshonorants ; cela sera facile pour certains délits, par exemple, pour le duel, difficile pour d'autres, car il y en a qui sont déshonorants ou non-déshonorants suivant les circonstances. Il devra donc ajouter quelles sont les circonstances et les motifs qui d'un crime déshonorant font un crime non-déshonorant, de même qu'ailleurs il fixe les excuses légales; le juge ne pourra ne rien ajouter de lui-même.

Ou bien le législateur établit une échelle complète de peines non-déshonorantes, et excepté pour les crimes qui restent déshonorants toujours, il prononce pour chacun à la fois deux peines, l'une déshonorante, l'autre non-déshonorante, entre lesquelles le juge aura à choisir. Dans ce système le législateur aura tout prévu d'avance, et il ne restera au juge qu'à appliquer la loi.

Dans un autre, sauf une échelle de peines non-déshonorantes, que le législateur devra toujours fournir au juge, c'est celui-ci qui décidera, sans autre guide que lui-même, pour chaque cas concret, si le délit est non-déshonorant, et qui appliquera alors une des peines non-déshonorantes, il appréciera quels motifs sont déshonorants et lesquels sont non-déshonorants ou même honorables, il éstimera aussi quels délits sont déshonorants ou non-déshonorants par nature; sa mission sera donc très étendue.

Suivant un autre système, dans lequel le juge collabore avec le législateur, c'est ce dernier qui fournit une échelle de peines non-déshonorantes, et même qui pour chaque délit fixe une double peine, une déshonorante et celle qui ne l'est pas, puis, qui indique quels sont les crimes ou les délits non-déshonorants par eux-mêmes, mais c'est le juge qui déclare sans fixation préalable les motifs non-déshonorants qui peuvent convertir en non-déshonorants les crimes déshonorants par leur nature.

Nous pensons qu'un quatrième doit être suivi. Le législateur fixe les peines non-déshonorantes pour chaque infraction, il décrète quelles sont les infractions non-déshonorantes par elles-mêmes, et enfin quels motifs peuvent rendre non-déshonorants les crimes déshonorants d'ordinaire, mais le juge peut ajouter à cette nomenclature et indiquer d'autres motifs qui dans le cas concret ont converti le délit en déshonorant ou en non-déshonorant contre sa nature habituelle.

Cette polarisation des infractions a été l'objet de vives critiques. On a dit que la peine n'est jamais déshonorante par elle-même, mais seulement comme réflexion du crime: « le crime fait la honte et non pas l'échafaud », que le crime, même pour des motifs louables, n'est jamais honorable, et que le motif non-déshonorant ne pourrait valoir que comme excuse, qu'au point de vue pratique il y aurait danger à pouvoir permettre au criminel de se glorifier, tout en subissant la peine. Ces critiques ne nous semblent pas fondées. Il y a des peines qui sont déshonorantes, et si elles cessent de l'être, c'est parce que dans telle espèce elles n'ont pas été méritées ; il y en a d'autres qui ne le sont pas, celles qui n'obligent pas à la contrainte, même à celle du travail, l'exil ou la détention. D'autre part, il y a des infractions, comme le duel, qui, à moins de circonstances particulières, ne peuvent entrainer le déshonneur, de même la conspiration, la révolte, le délit politique, le délit de presse, qui n'est ni la diffamation, ni l'injure, le délit contre la discipline militaire. Enfin certains motifs peuvent laisser le délit punissable, parce qu'il continue d'être dangereux, mais lui enlèvent tout caractère contre l'honneur, et même, nous l'avons dit, peuvent le rendre honorable. L'objection la plus grave, si elle était fondée, serait certainement celle du danger pratique. Celui qu'on honore en le punissant ne sent qu'à moitié la répression, il se dispose à recommencer et même se fait de la condamnation un piédestal, comme cela se voit souvent pour les crimes politiques; l'exemplarité devient nulle! Sans doute, elle est diminuée, mais il serait injuste de priver de l'honneur celui qui n'a pas manqué à l'honneur. D'ailleurs on comprend très bien qu'on puisse ne subir qu'une des deux punitions, celle matérielle et non celle morale, tout est divisible. Enfin il répugne au sens commun que celui qui a été entrainé par une idée, un sentiment désintéressé, soit confondu avec le malfaiteur, subisse sa peine avec lui, on n'a pas le droit de lui infliger la promiscuité, le plus grand des supplices.

Ainsi l'école néo-classique, comme l'école classique, n'envisage que le crime actuel lui-même et non le potentiel du crime, la criminalité, mais elle s'en distingue en ce qu'elle ne se borne plus à l'appréciation de l'*élément objectif*, mais prend souci de l'*élément subjectif*, et cela de deux façons, en envisageant les degrés de responsabilité au moment de l'infraction, et en tenant compte des motifs impulsifs; pour ces derniers elle se préoccupe de leur nombre, de leur intensité et aussi de leur direction vers le pôle déshonorant ou vers le pôle non-déshonorant des actions humaines.

Parmi les législations positives, c'est peut-être le code italien qui applique le plus exactement ce système et quant à la mesure de responsabilité et quant aux motifs; c'est lui d'ailleurs qui, même au point de vue objectif, a le mieux pesé toutes les circonstances aggravantes et atténuantes. Une des mesures saillantes qu'il a prises, c'est celle qui consiste à édicter pour chaque délit, au choix du juge, deux peines, l'une infamante: la réclusion, et l'autre non-infamante: la détention, à peu près semblables dans l'exécution, mais ayant un caractère tout différent. C'est ce qui existe aujourd'hui dans notre Code lorsqu'il cumule l'amende et l'emprisonnement; c'est ce qui a lieu, quant aux motifs, par l'établissement des excuses légales.

Ainsi dans la méthode *abstraite*, qui est celle de l'application, non au criminel, mais au crime, il faut *distinguer* le système *objectif*, qui ne s'attache qu'aux éléments *matériels* du crime, et le système *subjectif*, qui envisage ses éléments *intellectuels*.

### 2. — *Système de l'application de la peine à la criminalité, ou système dit concret.*

En face de la doctrine classique, qui négligeait le criminel dans sa synthèse successive pour ne s'occuper que de crime, est située la doctrine positive que nous avons déjà décrite, qui, au contraire, néglige le crime en lui-même, réduit au rôle de simple symptôme, pour n'envisager que le criminel, ou, plus exactement, que la criminalité ou le potentiel du crime. Le crime seul, fruit de la criminalité, séparé de tout ce qui le précède et le suit, et ne formant qu'un *moment* de temps, est une véritable *abstraction*, et on pourrait établir de suite pour lui certaines formules algébriques générales; telle action avec telle circonstance objective et telle subjective sera frappée de telle peine. Au contraire, la *criminalité générale*, la *puissance de crime*, est envisagée non pas seulement dans le *présent*, mais dans le *passé*, non pas seulement dans l'*acte incriminé*, mais dans *tous les actes*, non-seulement dans les actes, mais dans les *dispositions;* l'homme apparait tout entier et *indivisible*, le crime n'est compté que comme une *preuve*, comme une *extériorisation subite*, comme un symptôme; dès lors c'est le système concret qui se substitue au système abstrait. La peine dans son application se *mesure à l'homme tout entier*, elle *s'individualise*, aussi la conséquence forcée du système positiviste est *l'individualisation de la peine;* c'est lui seul qui l'individualise véritablement. Il ne faut pas confondre avec cette individualisation proprement dite le procédé de l'école néo classique, auquel on donne quelquefois ce nom, et qui consiste à tenir compte de l'élément subjectif. Cet élément, quand il s'analyse en les motifs, ne peut amener une individualisation véritable, car l'effet du motif peut être d'avance et législativement fixé, il s'en approche davantage quand il s'occupe du degré de responsabilité et d'anormalité, mais l'individualisation réelle dans ce dernier cas est tout-à-fait *incomplète*, car la *criminalité antérieure n'entre pas en ligne de compte.* La seule vraie individualisation de la peine est en d'autres termes le système concret d'application au potentiel de criminalité.

Cependant l'école positiviste est celle qui nie le libre arbitre de l'homme d'une manière absolue, et lors même qu'il ne s'agit pas du criminel-né, le crime ou la criminalité est le résultat fatal de facteurs, tant internes qu'externes; il n'y a donc jamais de culpabilité véritable, et il s'agit non d'expier, ni d'exercer une réaction pénale, mais de défendre la personne lésée et surtout la société du retour de pareils actes de la part du criminel en le mettant dans l'impossibilité de nuire, et en détournant, en outre, suivant la *terza scuola*, les autres personnes de l'imitation du crime par la crainte du châtiment. La conséquence, qui semblerait naturelle, serait de punir d'une peine fixée d'avance tel crime sans se préoccuper des mobiles internes et encore moins de l'état d'esprit, plus ou moins pervers, du prévenu. Une école s'était préoccupée de l'état général du criminel et non du crime seul, elle avait individualisé en mesurant la peine à cet état, et pour mieux le faire elle avait créé les peines arbitraires et quantitativement, sans maximum, ni minimum, et qualitativement, le choix entre diverses natures de peine étant concédé au juge; elle s'était aussi occupée de l'amendement du prévenu, et dans ce but avait distingué soigneusement les diverses catégories du criminel d'après de fines analyses psychologiques; ce fut celle de l'ancien droit ayant ses racines dans le droit canonique; c'est qu'elle partait précisément de l'idée de distinction nette entre le mérite et le démérite. Mais l'école positiviste, partant d'un point tout opposé, ne devrait pas aboutir à la même méthode! C'est cependant ce qu'elle fait, et en voici l'explication simple. Sans doute, suivant l'école positiviste ou concrète, il n'existe pas de culpabilité véritable, par conséquent, pas de punition proprement dite, et les seules mesures à prendre après le crime sont des mesures de précaution et de défense. Il faut mettre le criminel hors d'état de nuire, ce qui sera possible par une élimination, soit la mort, soit la déportation ou l'exil, soit la détention perpétuelle. Mais ces mesures sont coûteuses pour la société, et les mettre en œuvre pour le moindre délit, ou même pour tout crime, ressemblerait au système qui décréterait pour une simple maladie passagère l'internement à vie à l'hôpital. Lorsque le malade est guéri, il faut le renvoyer chez lui, ni avant, ni après; il en est de même du criminel. La guérison, lorsqu'elle est possible et effective, est *l'élimination préférable*, non plus celle du *criminel*, mais celle de la *criminalité*. Seulement pour qu'elle s'opère, il faut connaître la maladie, avoir un diagnostic sûr, et pour cela ne pas consulter seulement la crise actuelle, mais le tempérament entier depuis la naissance, les maladies antérieures, les traitements déjà subis; alors on peut agir, non d'une manière uniforme, mais différemment pour chacun; la cure n'est pas chose abstraite, mais concrète. L'analyse psychologique du criminel devient nécessaire, l'observation de toutes les nuances, et voilà comment le procédé de l'école positive peut coïncider avec celui d'une école diamétralement opposée.

Telle est la *genèse de l'individualisation* de l'application de la peine, et comment elle découle du principe déterministe et de la méthode curative. Comme nous l'avons remarqué déjà, la peine a *changé de caractère;* on a perdu de vue sa *cause efficiente*, qui est la réaction pénale, on ne conserve plus que sa *cause téléologique*, qui est la sûreté de la société par l'élimination du criminel incurable et l'amendement du criminel curable.

Dès auparavant des germes de ce système avaient apparu. Il s'agit des peines de la *récidive.* Le récidiviste ne s'envisage plus seulement, comme le criminel *primaire*, au moment du crime, mais dans tout le cours de son existence; et lorsqu'il est poursuivi pour le nouveau crime, il est puni plus sévèrement, ce n'est point parce que *sa nouvelle action est plus coupable*, elle le serait *plutôt moins*, puisque l'habitude prise du crime l'y conduit plus puissamment, mais parce que, pour faire contre-poids aux facteurs dans le sens du crime, la société doit interposer par la crainte un *facteur plus puissant dans le sens contraire*, facteur qui est la peine; puis on prend contre lui, au profit de la société, des mesures spéciales, qui ne sont même pas des peines proprement dites. Mais l'introduction de la répression de la récidive, quelqu'importante qu'elle soit, ne doit être considérée que comme un commencement d'individualisation.

L'individualisation complète de l'école positive est à la fois *quantitative* et *qualitative.* Les deux sont d'une égale importance.

Il ne faut pas oublier que le système est curatif, qu'il exclut l'expiation et subordonne la réaction pénale, qu'il s'agit de guérir, et à défaut seulement, d'éliminer le criminel assimilé au fou ou au malade. Or les malades de diverses maladies ne doivent pas subir le même traitement; bien plus, les malades de la même maladie ne doivent pas toujours être traités de la même façon, car il existe des *idiosyncrasies* nombreuses; enfin, lorsqu'il s'agit de choisir les hôpitaux, on sépare d'ordinaire les malades en deux grandes classes, celle des curables et celle des incurables, et ailleurs, celle des malades à affections contagieuses et les autres. Ces séparations sont essentielles pour arriver à un bon résultat.

Il en est de même pour les criminels. Nous avons vu ailleurs quelle grande classification en a été faite: 1° le criminel *incorrigible* ou criminel-né qui ressemble au récidiviste, mais sans qu'il y ait identité; 2° le criminel *corrigible*, mais cependant criminel proprement dit, qui a été entrainé par des facteurs physiques, sociologiques, mais qui possède cependant une criminalité *en dehors du crime;* 3° celui qui a commis un crime *subit* et à peine conscient, qui ne recommencera pas et n'a pas de criminalité du tout, c'est le criminel d'*occasion*. Le premier, lorsqu'il sera bien connu par l'étude de son passé et aussi par des tentatives vaines d'amendement, devra être éliminé purement et simplement, et même l'elimination la plus simple serait la mort; à défaut, il doit être perpétuellement exilé ou déporté, déporté même, et non exilé, car il pourrait devenir nuisible dans un autre pays; on peut aussi le condamner à la détention perpétuelle, la perpétuité de la peine est l'essentiel pour lui. A l'opposite se trouve le criminel d'occasion, puisqu'il n'a pas de criminalité, il n'a pas besoin de cure, il doit donc être acquitté après admonestation, car on ne punit pas le crime sans criminalité. Entre les deux apparait le criminel ordinaire, possédant une criminalité, mais guérissable, c'est pour lui que doivent être institués les manicomes divers où l'on s'occupera de sa guérison.

Mais dans cette dernière classe il y aura plusieurs catégories, par exemple, les criminels politiques et ceux qui n'ont pas failli à l'honneur d'une part, et de l'autre les auteurs des crimes déshonorants. Il importe qu'il ne soient pas confondus, pas plus qu'entre malades ceux qui ont des maladies contagieuses et ceux qui ont des affections d'un autre genre. A côté des peines déshonorantes il y aura les peines non-déshonorantes, nous avons déjà touché ce point.

D'autres subdivisions, et par conséquent, d'autres séparations sont possibles, et plus il en sera fait, plus la guérison sera facile. Il faudra aussi pour chacun varier le traitement, ce qui suppose un grand nombre de peines différentes. Il faudrait, si cela était possible, presque une peine différente ou modifiée pour chaque individu, de même que le médecin varie ses remèdes pour chacun de ses clients.

Cela est impossible qualitativement, mais cela le devient quantitativement. Cette impossibilité qualitative a fait justement dire a M. Ferri qu'il faut plutôt qu'à une individualisation proprement dite procéder à une application des peines suivant un classement correspondant aux classes des criminels.

Il semble qu'il y ait toujours et dans toutes les écoles individualisation quantitative, puisque le juge peut se mouvoir entre un maximum et un minimum, et même descendre au dessous du minimum au moyen de circonstances atténuantes. Pour l'appréciation de celles-ci, il peut prendre en considération, non seulement le criminel au *moment du crime*, mais le criminel *antérieur au crime*, il dose le degré de peine nécessaire d'après ces données pour arriver à la guérison, c'est-à-dire pour combattre par un facteur artificiel à effet double les facteurs criminels. Sans doute, il y a là une individualisation *quantitative* telle quelle, mais non parfaite, elle ne répond pas pleinement à l'idée curative, mais seulement à celle d'expiation. Dans le système classique, le juge peut doser la peine d'après le crime pris dans ses éléments objectifs et ses éléments subjectifs, il pourrait même tenir compte dans ce dosage de la *criminalité diffuse* de l'accusé, et s'il est assez *psychologue*, faire ce dosage exact; lorsque le coupable aura subi la peine prononcée il aura expié, il ne le pourrait auparavant; s'il est gracié, si on lui remet plus tard une partie de la peine, c'est qu'on retire la balance, car autrement la balance se trouverait faussée. L'individualisation n'est cependant pas parfaite, parce que l'homme n'est pas un être existant en un point unique, c'est un *être successif;* après qu'il a été condamné à une juste peine expiatoire, il peut plus tard faire en sorte que cette peine ne soit plus juste, s'il s'est repenti; alors il aura subi, même au point de vue de l'expiation, une peine trop longue. Mais l'incertitude est plus grande si l'on se pose dans le principe de l'école positive, le *principe curatif.* Non seulement tous les malades ne guérissent pas au bout du même temps de traitement, mais il est impossible souvent au médecin de prévoir exactement combien de temps demandera la guérison de telle personne, et s'il s'agit d'un malade dont la cure exige le séjour à l'hôpital, que dirait-on du médecin qui édicterait ce séjour pour un temps préfix, faisant sortir au terme exact le malade non guéri, et y retenant, au contraire, sans utilité le malade entièrement guéri ? De là l'idée de la peine *indéterminée* qui est le sommet de l'*individualisation quantitative* de la peine.

Cette peine indéterminée consiste essentiellement à ne point en prononcer une préfixe d'une manière irrévocable, mais à pouvoir l'accourcir ou la prolonger ultérieurement suivant le besoin du *traitement*. L'idée s'est développée peu à peu, en dehors même de l'école positive, mais il s'est agi d'abord d'accourcir seulement la peine, sans pouvoir la continuer et même cette diminution n'était que *conditionnelle*. De là naquirent, en dehors de l'institution ancienne de la grâce, de la libération et de la commutation de peine déjà anciennes, deux institutions nouvelles bien connues et souvent décrites : la libération conditionnelle et la condamnation conditionnelle. La peine était prononcée pour une durée fixe, mais elle pouvait être levée si le criminel s'amendait, on pouvait même la lever tout de suite, de sorte qu'elle était affectée d'une condition résolutoire ou d'une condition suspensive.

Mais l'école positive a proposé davantage, pouvoir prolonger la peine, lorsque le condamné ne semblait pas guéri ; en effet, lorsqu'il a fini son temps, sans marquer le moindre repentir, mais en déclarant, au contraire, qu'il va recommencer, il devient d'avance la terreur de tous ceux qui l'ont connu, surtout de ses parents et de ses voisins. Ne serait-il pas plus sage de le retenir tant qu'il semble dangereux ? Oui, mais n'y aurait-il pas là une échec au principe de la liberté individuelle ?

Sans doute, si la condamnation primitive était à durée fixe ; sans doute aussi, si l'autorité pénitentiaire prononçait seule le maintien en prison ; mais il en serait autrement si la sentence de condamnation n'avait pas fixé de délai, ou si la prolongation était le résultat d'un nouveau jugement avec les garanties judiciaires ordinaires. Le juge condamnerait seulement à la prison, sans exprimer pour combien de jours ou d'années, mais à des intervalles indiqués d'avance le criminel qui se croirait amendé pourrait demander son élargissement ; il comparaitrait devant un tribunal qui apprécierait. Il serait traité comme l'aliéné qu'on n'interne point pour un temps fixe, mais qui peut toujours demander à sortir, en prouvant qu'il est guéri.

Ce système est très logique, d'autant plus qu'il est impossible au juge de fixer d'avance quand l'amendement du criminel aura lieu, on rémédie bien à cet inconvénient par la libération conditionnelle, quand il y a lieu d'abréger la peine, pourquoi n'emploierait-on pas le procédé inverse dans le cas contraire? Seulement ici le procédé peut nuire au condamné. Aussi propose-t-on pour lever tout scrupule de permettre au juge de fixer un maximum très élevé. Par exemple, il pense que le crime ne vaut que 5 ans de réclusion; il condamnera à 15 ans de réclusion, avec facilité de libérer le condamné auparavant et dès qu'il sera amendé, mais sans pouvoir le retenir plus longtemps dans le cas contraire.

Telle est la *double individualisation* de la peine, son application concrète au potentiel criminel de chacun, l'individualisation *qualitative* et l'individualisation *quantitative*.

Deux points de vue semblent avoir échappé à l'école positive, c'est celui de l'exemplarité et celui des intérêts de la personne lésée, cependant elle a proposé pour l'un d'eux certains précautions.

L'exemplarité est atteinte, parce que, pour que la peine fasse impression sur ceux qui seraient tentés de suivre l'exemple du criminel, la fixité de cette peine est nécessaire; or cette fixité disparait de deux manières: en raison de l'individualisation le condamné peut être libéré très rapidement, il peut même l'être de suite, en vertu de la condamnation conditionnelle. Tout spectateur espérera que, s'il se trouve en pareil cas, il jouira du même bénéfice; il n'y aura plus de témébilité. Ce n'est pas tout: le résultat de la classification des criminels sera, en ce qui concerne celui d'occasion, de le libérer de toute peine, puisqu'il a commis un crime, mais sans posséder de criminalité. Le juge sait bien pourquoi il acquitte, mais le public ne le sait pas; il se scandalise d'abord, puis l'attraction succède et il imite. Toute exemplarité se trouve détruite. Ne l'est-elle pas d'ailleurs en principe et plus gravement encore par le fait seul du déterminisme servant de base à tout le système, chacun saura qu'en cas de délit il encourra sans doute le danger de la peine, mais non la culpabilité réelle?

C'est ce défaut que la *terza scuola* a cherché à réparer. Elle veut que, contrairement à la rigueur des principes, le criminel d'occasion, le criminel passionnel, soit poursuivi et condamné, non pas tant pour lui-même qu'à cause des spectateurs auxquels il servira d'utile exemple; tous subiront ainsi une peine, et il n'y aura plus d'encouragement à certaines classes de délits trop entrainants. D'autre part, elle recommande, que le principe du déterminisme, s'il est scientifiquement exact, soit dissimulé dans l'application pratique, car autrement la morale sociale serait ébranlée, et comme Socrate incroyant sacrifiait aux dieux, elle sacrifie au libre arbitre; ainsi rien n'est dérangé à la surface et le droit pénal voit un pont jeté qui dissimule l'abime séparant deux principes inconciliables, c'est l'*opportunisme du déterminisme*. Telles sont les deux idées de la *terza scuola*. La première est excellente. L'école positive présente, en effet, une lacune; il lui est logiquement impossible de punir le criminel d'occasion, puisqu'elle ne punit pas le crime, mais seulement à propos du crime la criminalité, et cependant le criminel passionnel va se trouver encouragé par l'impunité, et vienne une occasion semblable, il commetra le crime de nouveau, d'ailleurs il n'est pas toujours facile de distinguer le criminel d'occasion et le criminel de caractère, et si l'on couvre l'un d'une immunité, on risque d'en couvrir l'autre en même temps: enfin l'école positive semble avoir perdu de vue l'exemplarité, il était utile d'y rémédier; la société a le droit de sa défense, et cette défense consiste à empêcher le retour du même fait, non seulement de la part de la même personne, mais de celle de tous autres; or, dans ce but la punition même du criminel d'occasion est nécessaire; il est frappé alors, non pour obtenir sa guérison, puisqu'il n'est pas malade, mais par une sorte d'expropriation pour cause d'utilité publique. La seconde idée de la *terza scuola* est mauvaise, parce que cette *oc-*

*cultation de la verité* ne peut être qu'une hypocrisie, et comme toutes les hypocrisies, est inutile devant être bientôt découverte. Les ouvrages de science ne restent pas connus des savants seuls, il sont vulgarisés et tombent dans le domaine public, dès lors les mensonges officiels deviennent sans effet; les inférieurs ne peuvent pas croire lorsque les supérieurs ne croient plus, et le résultat réel est contraire au résultat cherché. Quoiqu'il en soit, le système de la *terza scuola* sert certainement de transition; comme tout ce qui est illogique, il aura son époque de vogue nécessaire.

Une autre inconvénient que présente le système curatif de l'école positive, c'est que les intérêts de la personne lésée se trouvent compromis.

Nous avons déjà exposé cette idée. Pour guérir, il faut uniquement approprier la peine aux besoins moraux du coupable, et dès aujourd'hui en tous pays, l'abus des circonstances atténuantes, la condamnation conditionnelle, la libération conditionnelle, nuisent en réalité, à la victime; sans doute, celle-ci conserve son action civile, mais on sait que le coupable est insolvable presque toujours; dès lors, elle n'a plus pour consolation, pour dédommagement moral, que de savoir qu'une peine est infligée et réellement subie; si on l'en prive, il ne lui reste plus rien. La société, en prenant un soin extrême du coupable, lèse donc la victime. En vain prétendra-t-on que le mal du coupable ne peut être pour elle un bien ni réparer le mal commis. C'est ignorer profondément la psychologie humaine; *on peut effacer la vengeance des lois, on ne l'efface pas du coeur*. Pour que la société puisse sans reproche disposer librement de la peine, il faut, au moins, qu'elle ait indemnisé la victime pécuniairement du préjudice souffert. Nous avons écrit ailleurs comment cela était possible et nécessaire. Tout d'abord l'action civile et l'action publique seraient solidarisées, l'une ne pourrait être intentée sans l'autre et le Ministère Public pourrait d'office demander des dommages-intérêts. Puis, en cas d'insolvabilité du condamné, la société ne pourrait disposer librement de la peine par une sorte d'expropriation pour cause d'*utilité pénale* des droits de la victime qu'après avoir payé à celle-ci une juste et préalable indemnité. L'école positive était d'ailleurs entrée déjà dans cet ordre d'idée et ses chefs avaient proclamé, si non d'une manière aussi nette, la dette sociale, au moins, l'intérêt que la société devait prendre à l'indemnisation de la victime.

### 3. — *Systéme qui consiste à admettre les conclusions de l'école positive sans en approuver les prémisses ou système de la « Kriminal politik ».*

C'est ici que se place, car nous devions pour être compris, exposer d'abord les théories plus absolues, le système de la *Kriminal politik.* Nous aurons peu à ajouter à ce lui qui précède, car les institutions préconisées par les deux sont identiques, seulement ils diffèrent en un point essentiel, l'école positiviste dénie le libre arbitre d'une manière absolue, l'école mixte de la *Kriminal politik* le reconnait, au contraire, sinon d'une manière bien ferme, au moins en théorie, ou, ce qui revient au même, elle le dénie socialement en le reconnaissant psychologiquement. En un mot, sa devise est de croire au libre arbitre, mais d'agir comme s'il n'existait pas, ce qui satisfait d'une côté ses sentiments philosophiques ou religieux, de l'autre ses besoins sociaux. Cette doctrine est donc aussi purement utilitaire que celle des positivistes, mais elle justifie cette ressemblance en posant en principe que le droit criminel n'est pas une *science*, mais un *art*, tout contingent comme la *politique* elle-même, la politique internationale, par exemple, ou la politique intérieure. Il devra varier avec chaque modification sociale, et avec celle des individus coupables. *L'absolu est supprimé*, tout devient et reste *relatif.* Dès lors, la grande *controverse* du déterminisme est *inutile ;* c'est un fondement scientifique discuté dont une *science* a besoin, et dont un *art* peut parfaitement se passer. Telle est l'école de la *Kriminal politik* qui a une grande vogue en Allemagne, grâce à quelques criminalistes distingués. Quant à ses moyens d'action, son opinion sur les institutions nouvelles proposées, il sont de tous points les mêmes que ceux de l'école positive, sauf l'assimilation du criminel à l'aliéné, entre lesquels on ne trouve aucune ressemblance, mais que cependant on va traiter de la même façon.

### 4. — *Système d'application de la peine à la fois au crime et au criminel, ou système abstrait-concret.*

Parmi les *buts nombreux* possibles de la peine, il en est un qu'il faut éliminer, c'est le but d'*expiation*. Si le mal doit être puni en soi ou le bien récompensé, c'est une question des plus ardues de la psychologie et de la métaphysique. Il est certain qu'il ne peut être question d'expiation lorsqu'il n'existe pas de culpabilité vraie, et il ne saurait y avoir de culpabilité s'il n'y a pas de libre arbitre. Même pour les partisans du libre arbitre et de l'existence d'une divinité directrice, c'est à celle-ci seule que peut incomber la charge et appartenir le droit de faire subir l'expiation, car elle seule peut savoir le degré exact de faute, en tout cas, l'homme ne peut reconnaître ce degré, même approximativement; aussi les auteurs les plus théologiques tendent-ils actuellement à retirer une telle mission à la société et à la reporter à la divinité invisible et à une époque d'outre-tombe.

Mais ce but éliminé, cette cause du droit pénal écartée, il ne reste pas que la seule cause téléologique invoquée par l'école positive, à savoir la défense sociale soit contre l'auteur même du crime, soit contre ses imitateurs éventuels, jointe à la défense de l'individu lésé et de chaque citoyen en particulier. Certainement c'est là la cause la plus importante, la *cause essentielle* du droit pénal, c'est la *légitime défense prolongée* et généralisée. D'ailleurs, la défense peut être directe ou indirecte et c'est la défense indirecte qui est la meilleure. La première consiste dans l'élimination du coupable, dans sa mise pour toujours hors d'état de nuire; la seconde dans son amendement qui garantit la société à moins des frais et d'une façon plus sûre. Tel est dans son principe et dans son développement le but, la cause téléologique de la peine, et s'il était le seul il y aurait à se rattacher purement et simplement au système de l'école positive avec toutes ses conséquences, à ne plus s'occuper du crime que comme *symptôme* et à prendre seulement quelques mesures pour indemniser la victime. Mais la cause téléologique n'est pas la seule réelle; la cause efficiente survit; or, cette cause primordiale consiste en la *réaction pénale*, d'abord par *mouvement réflexe*. Cette cause doit subsister, elle consiste essentiellement à rendre coup pour coup, c'est l'antique *vendetta*, canalisée, civilisée, mais qui ne saurait périr, seulement pour plus de régularité la société a consenti à l'exercer à la place de la victime, et le traitement est plus doux, comme il l'est toujours quand il s'interpose un intermédiaire. A ce point de vue, ce n'est plus le criminel, le potentiel du crime, la criminalité, qu'on envisage, mais le crime actuel seul, ce n'est que ce dernier qui intéresse la victime, c'est lui qui doit être puni, ou plus exactement contre lequel une réaction égale à l'action, une réaction d'abord talionique, doit se produire; la victime se préoccupe peu de la criminalité générale de l'agent; mais par contre, elle relève, et la société doit relever après elle, toutes les circonstances, celles matérielles surtout, du fait; c'est cette matérialité qui doit servir de base à la réaction; la victime consentira cependant à joindre dans son examen l'élément subjectif à l'élément objectif, quoique dans une mesure plus faible; par exemple, elle mettra en balance les motifs, non ceux cachés, mais ceux qui lui ont apparu au moment de l'infraction, et le degré de liberté et de responsabilité actuelle de l'agent, mais elle n'ira pas plus loin, et le crime passionnel lui-même ne trouvera pas grâce devant elle. Puisque la société lui succède pour la répression, il est juste que cette psychologie tout entière se transmette à la société.

Il y a donc lieu, suivant nous, de tenir compte *à la fois* de ces *deux causes* de répression, de la cause *efficiente* qui est la *réaction pénale* contre le crime actuel et de la *cause téléologique* qui est la *défense individuelle* et *sociale* née du *potentiel de criminalité* du coupable. En vertu de la première, la peine doit être suffisante pour satisfaire le besoin de la réaction, ce besoin déterminera un *minimum* de peine; en vertu de la seconde, la peine ne doit pas dépasser, mais elle doit atteindre tout ce qui est nécessaire pour la défense sociale, cela déterminera le *maximum*.

Ces principes nous serviront à résoudre la question si *essentielle* de l'*individualisation de la peine*. Cette individualisation est nécessaire pour satisfaire à la cause téléologique, pour guérir efficacement le potentiel de criminalité, c'est la *fixation concrète*, mais il faut en même temps une *fixation abstraite* proportionnée au crime actuel, car autrement la réaction pénale serait supprimée.

En supposant que le juge prononce une peine *indéterminée*, il conviendra qu'il établisse au moins un *minimum* comme durée, car autrement le coupable pourrait se trouver libéré au bout d'un instant de raison, si l'on jugeait que la sécurité est suffisamment garantie et qu'il n'avait pas besoin d'amendement, cet instant de raison n'existe même pas dans la condamnation conditionnelle; que si dans l'intérêt public, la société estime qu'il n'y a même pas lieu à ce *minimum*, elle pourra le supprimer, mais alors en indemnisant la victime d'une manière intégrale, et en lui procurant même un bénéfice pour la récompenser de la vengeance enlevée. Telle sera l'*application abstraite* de la peine qui devra survivre comme *minimum*.

Au dessus de ce minimum, l'application concrète pourra ensuite se mouvoir librement, et la sentence rester *indéterminée*. Lorsque le criminel sera guéri, ni avant, ni après, il sera mis en liberté; c'est la conséquence logique de ce que la peine ou plutôt le traitement n'est plus relatif, une fois le minimum dépassé, au crime, mais à la disposition criminelle. La seule question qui puisse se poser désormais est celle de savoir si la peine ne doit pas être soumise à un maximum, et si ce n'est pas uniquement entre le maximum et le minimum, que le temps du traitement doit rester mobile. En principe, il vaudrait mieux qu'il n'y eût pas de maximum, on reviendrait au système des peines de l'ancien droit, des peines arbitraires quantitativement, ce système est théoriquements juste. Seulement en pratique il conduit à un grand danger : *l'arbitraire*. La peine peut ainsi devenir perpétuelle, et ce qui est plus grave, injustement perpétuelle. Il n'y a plus de garantie de liberté. Si la société, si la victime ont leurs droits, le criminel a aussi les siens. Il serait donc préférable que la peine indéterminée eût un maximum fixé d'avance par la loi ou par le juge.

Le système que nous présentons modifie ainsi l'application concrète de la peine au point de vue quantitatif en établissant un minimum qui sera la part de la pénalité au profit de la victime et résultant du crime, mais il laisse intact l'application concrète au point de vue *qualitatif*, autrement dit, le système des *peines parallèles*, c'est-à-dire la distinction des natures de peines suivant les classes de délinquants, car ici le *concret et l'abstrait concordent*, les diverses natures de peines conviennent aux diverses natures de crimes.

### *B.* — De l'application unique ou successive.

Dans le système classique, l'application de la peine au crime se fait une fois pour toutes par le jugement de condamnation, et cela se comprend parfaitement si l'on n'envisage que le crime, même dans ses éléments subjectifs, et non la criminalité continue. On a pesé attentivement toutes les circonstances du crime, personnelles et matérielles, ses motifs, le degré de responsabilité que pouvait avoir l'auteur à ce moment. On a pu se tromper, mais le jugement était susceptible d'appel ; on n'a pas à y revenir. Sans doute, par sa bonne conduite ultérieure le condamné pourra mériter sa grâce, mais ce sera un pardon et non un droit. D'ailleurs, le but fut une expiation quelquefois, puis en tout cas l'accomplissement d'une réaction, on peut fixer d'avance et irrévocablement combien de temps cette réaction doit durer, car elle se mesure sur l'action.

Si, au contraire, il s'agit de défendre la société contre le retour d'actes pareils et si cette défense doit consister soit dans l'élimination définitive du coupable, soit dans son amendement, on ne peut savoir d'avance si cet individu devra être éliminé ou combien de temps sa cure morale durera, ou tout au moins on ne peut le prévoir que provisoirement; la sentence rendue devra donc être indéterminée ou tout au moins modifiable. C'est qu'en effet la peine ne doit pas être adéquate seulement au potentiel de criminalité que le criminel possède au moment de la sentence ou adéquate à celui qu'il possède à tout moment, car le potentiel n'est invariable que pour le criminel-né, pour le criminel incorrigible. Quand il s'agit du crime lui-même et de lui seul, tout est fixé à ce moment ; quand il s'agit de la criminalité, ce n'est pas celle de telle année qui doit être comptée, mais toujours celle des moments où l'on se trouve ;

cela revient à dire que l'application de la peine doit être alors successive. Théoriquement elle devrait se faire à tout moment, et de même que pour l'aliéné, on devrait à chaque instant se demander s'il y a lieu de maintenir, de faire cesser ou de modifier la peine.

Pratiquement cette révision devrait avoir lieu à des périodes déterminées, en tout cas lorsque le condamné en fait la demande, pourvu que ce soit à un certain intervalle, une fois, bien entendu, le minimum de la peine accompli. Nous verrons tout à l'heure par qui cette révision devrait être faite.

### *C.* — De l'application par le législateur, le juge ou le technicien pénitentiaire.

L'application de la peine se fait suivant les écoles soit au crime, soit à la criminalité. Dans les deux cas, cette application peut être l'oeuvre soit simultanée, soit successive, de diverses *personnes*.

Plaçons nous d'abord dans le système classique.

L'application abstraite de la peine se fait en premier lieu par le législateur. Il n'en a pas toujours été ainsi. Dans notre ancien droit, elle était purement judiciaire, puisque la peine était *arbitraire* soit quantitativement, soit qualitativement. Plus tard elle fut purement législative pendant le droit intermédiaire, lorsque de tout à fait arbitraire la peine devint tout à fait fixe, sans minimum ni maximum. Le juge déclarait bien la culpabilité, mais cela fait, il adaptait mécaniquement la peine, celle-ci n'était à aucun degré son oeuvre. Aujourd'hui il y a collaboration ; le législateur et le juge concourent pour cette fixation.

Mais c'est le législateur qui commence, et il le fait non seulement en fixant le maximum et le minimum de peine pour tel crime, mais en fixant un nouveau maximum et minimum pour chaque circonstance matérielle aggravante ou atténuante de ce crime, et même pour chaque circonstance intellectuelle et subjective aggravante, atténuante ou absolutoire ; de telle sorte que, sauf la faculté de se mouvoir entre chaque maximum et chaque minimum, le juge doit réaliser l'application que le législateur a faite lui-même. Il est vrai qu'en outre celui-ci lui a laissé la disposition des circonstances atténuantes indéterminées. Nous y viendrons tout-à-l'heure. Il faut, en effet, distinguer les excuses légales des circonstances atténuantes proprement dites ou judiciaires ; dans les premières l'application subjective est faite par le législateur lui-même, dans les secondes par le juge.

L'application législative pourrait être encore plus exclusive, si l'on admettait la distinction entre les peines déshonorantes et les peines non déshonorantes par considération des motifs de l'infraction. Le législateur pourrait classer exactement les délits en déshonorants et non déshonorants par eux-mêmes, et de même préciser les motifs non déshonorants, enfin établir des peines parallèles. Le juge n'aurait plus qu'à employer presque mécaniquement toutes ces distinctions.

L'application se fait ensuite par le juge seul ou par le juge en collaboration avec le législateur. Il se fait par le juge seul lorsque la loi permet à celui-ci de modifier la peine à son gré suivant les circonstances atténuantes non indiquées d'avance. Elle se fait par lui en collaboration avec le législateur lorsque celui-ci a déterminé nettement les circonstances atténuantes, les circonstances aggravantes, les excuses légales et lui a laissé seulement la liberté de se mouvoir entre le maximum et le minimum.

Il faut prémunir ici contre un trompe-l'oeil qui existe sur le point de savoir quelle est l'importance de la peine légale prononcée par le Code pour chaque infraction. Dans certaines législations, par exemple, en France, cette importance est nulle quant au minimum ; le maximum seul est légal en réalité, puisque grâce aux circonstances atténuantes, le juge correctionnel peut abaisser la peine jusqu'à un franc d'amende et le juge criminel descendre de deux degrés de nature de peine et même davantage en fait dans certains cas. Il en résulte que sauf le maximum, la peine de légale est désormais judiciaire, d'autant plus que les circonstances atténuantes sont devenues la règle, et qu'on ne se préoccupe même pas de savoir s'il en existe en fait, on se contente de les déclarer pour abaisser la pénalité. Ainsi au point de vue de l'exemplarité les peines édictées par le Code ne comptent plus, mais seulement celles prononcées par les tribunaux.

Enfin l'application de la peine au délit passe du législateur et du juge au chef ou aux préposés du pouvoir exécutif, lorsque la peine est remise, commuée ou abrégée au moyen de la grâce, de la commutation de peine ou de la libération conditionnelle.

Telles sont les *personnes* qui concourent à l'application de la peine dans le système classique. Les mêmes concourent avec des modifications à cette application dans le système positif.

Cette application est une application concrète, une individualisation, elle se fait non au crime, mais à la criminalité. Elle est d'ailleurs successivement l'oeuvre du législateur, du juge, et du fonctionnaire technique et pénitentiaire.

Elle est d'abord l'oeuvre du législateur, soit seul, soit en collaboration avec le juge. Dans la tentative d'individualisation faite jusqu'à ce jour en France, c'est le législateur qui a la principale et presque l'unique part. Il s'agit de la récidive, avec ses conséquences, prise comme indice d'incorrigibilité, et devant aboutir à l'élimination du criminel, soit à la relégation. La loi fixe elle même quels sont le nombre et la nature des condamnations précédentes qui doit prouver cette incorrigibilité. Cette mesure rigide a semblé injuste à beaucoup d'esprits; elle a cependant l'avantage d'écarter l'arbitraire. Si l'on admettait un système d'individualisation plus complet, le législateur ne pourrait guères la faire, précisément parce-qu'il ne peut statuer *qu'in abstracto* et que l'individualisation est concrète par définition. Cependant il pourrait toujours marquer des indices de culpabilité et d'incorrigibilité et d'autres part séparer les criminels d'occasion, des criminels de caractère, quoique corrigibles, et enfin parmi ceux-ci distinguer les diverses espèces de criminels; mais le juge devrait toujours compléter, car l'individuel échappe à la généralisation légale.

Cette individualisation sera ensuite l'oeuvre du juge, soit seul, soit collaborant avec le législateur. Le juge étudiera le criminel dans son passé aussi bien que dans son présent et décidera quelle est la peine topique, avec un pouvoir discrétionnaire plus ou moins intégral, soit au quantitatif, soit au qualitatif. Il statuera en l'état, car on ne peut statuer qu'ainsi quand il s'agit d'un malade ou d'un assimilé, et sa décision sera toujours révocable. C'est qu'en effet non seulement l'état du criminel change, mais au moment même où on l'a jugé on peut s'être trompé sur cet état, car le juge doit statuer vite, et il ne peut le faire en toute connaissance de cause. Sans doute, on peut bien juger si l'accusé est l'auteur du crime et s'il l'a accompli avec une conscience suffisante, mais le degré de sa criminalité constante reste incertain ! C'est un peu plus tard, après un examen quotidien, qu'on pourrait l'apprécier à ce point de vue.

Il y aurait donc lieu pour le juge de réviser son propre jugement au bout de quelque temps pour l'application de la peine ; mais précisément il va se trouver incompétent ou aussi peu compétent que la première fois, car il a dans l'intervalle entièrement perdu de vue le condamné ; il ne suffit pas que celui ci reparaisse un instant devant lui pour qu'il soit jugé mieux cette fois ; il faudrait l'avoir observé dans sa prison, et il va être moins connu de ce juge que la première, car ce dernier n'a même plus maintenant cette fois observé le criminel à propos du crime.

Aussi a-t-on introduit une autre personne plus compétente, c'est le surveillant pénitentiaire, celui qui chaque jour a pu étudier le prisonnier, et a tenu des notes quotidiennes. C'est le chef de l'Etat qui accorde la libération conditionnelle, ou pure et simple, et la commutation de peine, mais c'est en réalité le directeur de l'établissement pénitentiaire. Quoi de plus juste ! Seulement celui-ci s'en remet à son tour à des employés subalternes, et voilà le géolier transformé en juge effectif, accordant ou refusant la liberté à son gré. Il sera peut être compétent, malgré sa situation infime, grâce à sa grande pratique, mais sera-t-il impartial ?

On est à peu près d'accord pour transférer cette mission à quelqu'un qui offrirait plus de garantie, au magistrat lui-même, non à celui qui a condamné et qui n'a pas connu le prisonnier, incarcéré peut-être à une grande distance, mais au magistrat voisin qui pourrait compulser les notes, interroger lui-même le condamné. Cependant deux objections se soulèvent. Ce magistrat sera sans doute impartial, mais tout-à-fait incompétent, il n'a pas les connaissances spéciales nécessaires, ni physiologiques, ni psychologiques. En fait, il s'en remettra à l'avis des surveillants pénitentiaires, et s'il y joint l'interrogatoire du condamné, cet interrogation ne pourra avoir la même utilité qu'en cas d'aliénation mentale, car, si l'état intellectuel ne se dissimule pas facilement, il en est autrement de l'état moral. Le magistrat peut apprécier le crime approximativement, il ne peut guères apprécier l'état de criminalité, à moins de points de repère matériels, comme la récidive.

Celui qui pourrait appliquer la peine ou la désappliquer au cours même de son exécution ne serait ni le législateur, ni le juge, mais un expert spécial, analogue au médecin aliéniste qui décide si la raison est revenue et au médecin ordinaire qui statue sur l'état de santé. Ce médecin ou ce jury de médecins visiterait d'ordinaire l'établissement, prendrait des renseignements, ferait subir des épreuves, et lorsque la cure serait assurée, ordonnerait l'élargissement par le verdict d'un jury technique. Ce serait un expert en psychiatrie. La libération ne serait d'ailleurs jamais que conditionnelle.

## 2. — De la désapplication de la peine.

Même dans le système classique où il semble que l'application se faisant au délit qui reste fixe et non à la criminalité qui demeure mobile, il n'y ait jamais lieu à désapplication, celle-ci cependant se produit tantôt par la grâce ou la commutation de peine pure et simple, tantôt par la libération conditionnelle, mais elle se fait à un autre titre, surtout la grâce: on estime que l'application provisoire faite de la peine au crime n'était pas tout à-fait exacte, ce que les circonstances ultérieures ont démontré, qu'elle avait été exagérée, que ce qui le prouve c'est la bonne conduite du prisonnier, que ce qui avait semblé malice n'avait été qu'entrainement. Du reste, on prend la précaution de n'accorder qu'une libération révocable; si l'on s'est trompé en rectifiant le premier jugement, on pourra revenir sur cette décision.

Mais c'est surtout dans la théorie positive que la désapplication de la peine devient importante. Elle peut avoir lieu à chaque instant. Le motif en est d'abord le même que tout à l'heure. Le juge peut s'être trompé dans son appréciation provisoire de la criminalité, il n'avait pas en mains tous les éléments nécessaires. Son jugement pourra être revisé, non quant à la peine du crime, mais quant à l'application de la peine à la criminalité. En outre, l'état de criminalité se modifie; il croit et décroit à chaque instant. Il est possible qu'après quelques années de prison cette criminalité soit plus intense qu'au jour de la condamnation, car la rancune peut s'être amassée dans le coeur du criminel et elle éclatera avec violence le jour où il sera libre; mais elle peut avoir diminué ou s'être éteinte. Alors il y aura lieu de rendre au criminel la liberté, car il ne l'est plus. Mais il peut avoir simulé l'amendement puis se révéler lorsqu'il se sentira libre; de là l'utilité de la libération soumise à une condition. Nous avons vu qui est compétent pour l'accorder.

Le même sera-t-il compétent pour révoquer la libération conditionnelle? Sera-ce bien encore le fait de l'expert, du technicien et faudra-t-il faire toujours exception à la juridiction ordinaire? Nous ne le pensons pas. On se trouve ici en présence de faits externes et pour ainsi dire palpables. Le libéré aura été condamné pour un autre crime ou délit; il aura eu une mauvaise conduite notoire. On pourra s'en rendre compte facilement, sans examiner à nouveau toute la responsabilité du criminel, grâce au nouveau fait symptomatique. Il sera réintégré pour ce qui restait à courir de la première peine, et cette condamnation sera prononcée par les juges du lieu de résidence du libéré, par ceux de droit commun.

Le point est plus délicat de savoir si le prisonnier impénitent ne devra pas être retenu en prison au delà du temps fixé par le jugement; il y a certes danger à l'élargir; il y a arbitraire à le retenir sans jugement nouveau. Dans le système des peines indeterminées sans limites, pas de difficultés, il n'y a point de terme maximum et c'est lorsqu'il s'agit d'élargir qu'un jugement est nécessaire. Mais le maximum nous semble indispensable pour sauvegarder la liberté. Cependant en cas de nécessité ne pourrait-on pas proroger la détention? Nous le croyons, et c'est la conséquence logique de l'individualisation de la peine. Mais il faudra alors un jugement formel du juge ordinaire, avec les mêmes débats que lors de la première condamnation. Ces débats parteront sur l'état de mentalité du prévenu, tel qu'il résulte de sa conduite pendant sa détention, sur les menaces qu'il a faites, les mauvais instincts qu'il a montrés. Le nouveau jugement fixera un nouveau délai maximum d'épreuve; il pourra aussi, si la situation d'esprit lui semble douteuse, prononcer une nouvelle peine avec sursis, c'est-à-dire une nouvelle condamnation conditionnelle en laissant le libéré en liberté.

Avec cette précaution, la peine pourrait être véritablement indéterminée dans sa durée, sans qu'il en résultât une atteinte véritable à la liberté individuelle.

Telles seraient suivant nous dans une législation rationnelle et véritablement scientifique l'application et la désapplication de la peine au crime ou plutôt au criminel.

RAOUL DE LA GRASSERIE.



---

Turin — Impr. Camilla et Bertolero de Natale Bertolero.

www.ingramcontent.com/pod-product-compliance
Ingram Content Group UK Ltd.
Pitfield, Milton Keynes, MK11 3LW, UK
UKHW012119240726
13965UKWH00005B/1843

9 782013 049122